AF357795

Aquarelles, Dessins

ET

TABLEAUX

PAR

Gaston GÉRARD

VENTE

du Lundi 20 Février 1911

Exposition Dimanche 19

HOTEL DROUOT, SALLE N° 10

à 2 heures et demie

COMMISSAIRE-PRISEUR

Mᴱ COULON

EXPERT

Mᴱ WIART

26, Rue Le Peletier

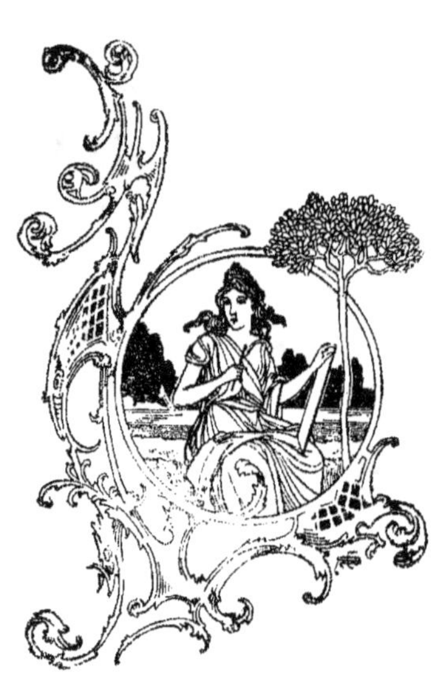

IMPRIMERIE
E. PAILLET
RUE DU CHERCHE-MIDI
121

CATALOGUE

DES

Aquarelles, Dessins

ET

TABLEAUX

de Gaston GÉRARD

**Dont la Vente aura lieu le Lundi 20 Février 1911
à deux heures et demie**

HOTEL DROUOT, SALLE No 10

EXPOSITION PUBLIQUE

Le Dimanche 19 Février de 2 heures à 6 heures

Commissaire-priseur		Peintre-expert
Mᴱ COULON		**M. WIART**
6, rue de la Victoire		26, rue Le Peletier

CONDITIONS DE LA VENTE

———

Elle sera faite au comptant.

Les adjudicataires paieront *dix [pour cent* en sus des enchères.

BIOGRAPHIE

GASTON GÉRARD un nom qui évoque parmi le public parisien amateur d'art, dillettantes aimants la saine et bonne peinture une douce joie de revoir ce peintre, si habile dessinateur. Il est, et restera le maître aquarelliste incontesté en son genre.

Depuis vingt ans il est professeur aux Ecoles supérieures d'art de la Ville de Paris (Ecole Boule, Ecole Germain Pilon et Ecole Bernard-Palissy) où il enseigne son art. De plus, il est Officier d'Académie. Il a obtenu diverses récompenses à différents Salons et notamment à l'Exposition de 1900 pour ses travaux appliqués à la Décoration.

Sans aucune prétention de ma part, n'y parti pris qui ne connaît pas GASTON GÉRARD, je dédie ces lignes.

Il est le peintre de la femme et avec quelle sûreté de main, il sait rendre leurs graces voluptueuses et leurs riches carnations ; ses fleurs sont interprétées avec un sentiment très juste de la nature ; ses petits paysages si vrais et si lumineux d'une exécution franche et hardie ; ses fruits au suave coloris sont d'une facture toute personnelle.

Il a tout abordé, il est éclectique comme tout artiste doit être, mais reste consciencieux, toujours vrai, d'un coloris réel et délicat.

Cette simple biographie faite à la hâte nous le présente déjà comme une personnalité.

En sommes GASTON GÉRARD est un véritable artiste.

HENRI DUMONT

Nice, le 25 janvier 1911

Mon cher Wiart et ami,

Vous me faites l'honneur de me demander mon appréciation, sur les œuvres de Gaston Gérard.

Absent de Paris encore pour quelques temps dans le pays du soleil. Je m'empresse de vous répondre que cet artiste que je connais particulérement, est surtout un consciencieux. Depuis ses débuts où vous l'avez connu comme moi, il a toujours prospéré et il prospérera encore.

C'est un timide et sans prétention un de ceux qui laissent des surprises. Sa facture est absolument personnelle, ses petites vues de Paris sont vivantes de lumière et d'aspect.

Nous connaissons tous ses exquises aquarelles, si brillantes de couleurs, ses petites femmes si fines, il dessine surtout dans la perfection.

Si nous étions en Amérique, je pourrais ajouter que ses œuvres sont un bon placement.

En vous priant de bien vouloir m'en réserver une de votre choix dans votre prochaine vente à titre de souvenir de mon ancien professeur.

Agréez, mon cher Ami, avec mes amitiés, mes sincères salutations.

DE RUDER
Critique d'Art.

Aquarelles 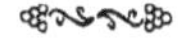 Paysages

1. — Bords de la Juine (S.-et-O.).

2. — Les Roches (Avalonnais).

3. — Embouchure de l'Ellé.

4. — Coucher de soleil (Montreuil-sur-Mer).

5. — Derrière de ferme, Montigny (S.-et-L.)

6. — Les Gerbes, à Montigny.

7. — Pont-au-Change.

8. — Ferme à Neuville.

9. — Les Gerbes, à Neuville.

10. — Un étang à Janville (S.-et-O.).

11. — La plage à Saint-Michel-en-Grève.

12. — L'île de Groix (Finistère).

13. — La Chambre des Députés.

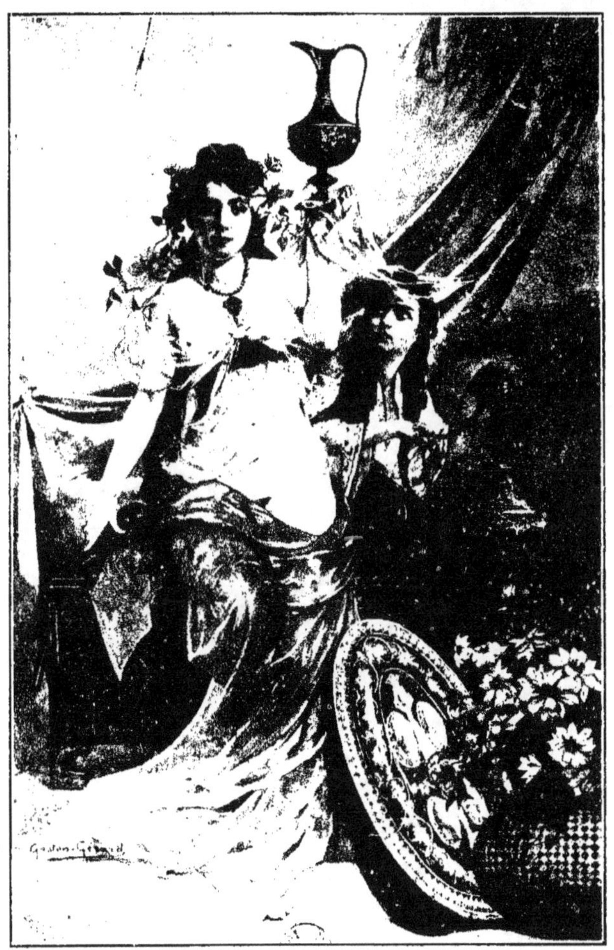

L'ORFÉVRERIE (aquarelle sur toile)

54. — *Effet de neige rue du Val-de-Grâce.*

55. — *L'Armançon à Tanlay (Yonne).*

56. — *Etude de pommier.*

57. — *Un étang à Ouistreham.*

58. — *La Croix de Saint-Louis (petites dalles).*

59 — *L'embouchure de l'Ellé (Quimperlé).*

60. — *Vue de Ouistreham.*

61. — *Le port du Pauldu.*

62. — *Un arbre, forêt de Fontainebleau.*

63. — *Les fagots.*

64. — *Une clôture en Bretagne.*

65. — *Le champ de courses de Colombes.*

66. — *La mer au Pauldu.*

67. — *La fontaine de Carpeaux (hiver).*

68. — *Une vachère.*

69. — *La traite des vaches en Normandie.*

70. — *Les Grands-Sables, Pouldu.*

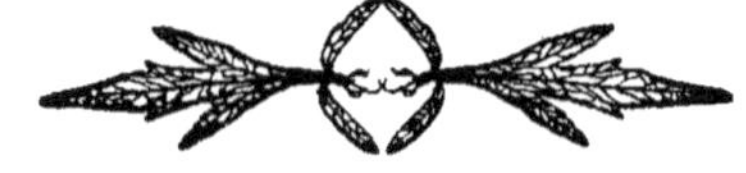

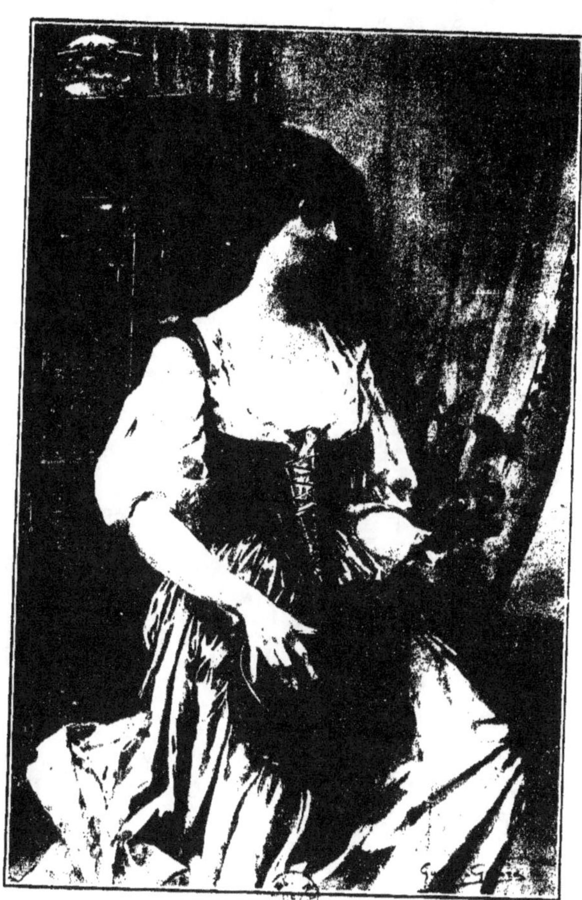

LA CORDE BRISÉE

Fleurs et Fruits

Peintures

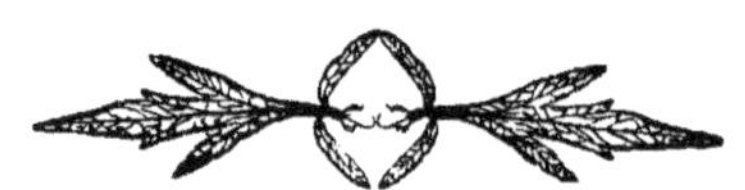

Figures et Sujets

DE GENRE

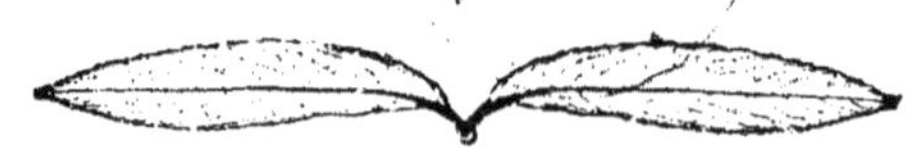